LAO TSEU

LE TAO

TRADUCTION EXACTE DU CHINOIS PAR
MATGIOI

(ALBERT DE POUVOURVILLE)

1884

Introduction

Avoir habité le pays où le Tao a été écrit, où son esprit s'enseigne, où ses préceptes se pratiquent, est la seule excuse que l'on puisse présenter à une nouvelle traduction du Tao de Lao-Tseu. C'est la mienne.

Nul n'espérera atteindre un plus grand savoir théorique, un plus grand discernement didactique que ceux dont M. Stanislas Julien a fait preuve. À cet élégant et érudit commentateur on n'aurait pu demander que plus de solidarité avec l'idée, plus de connaissance de l'Âme Chinoise. Il regrettait lui-même que son atavisme, la distance et ses fonctions le tinssent irréparablement éloigné d'un peuple qui l'intéressait à tant d'égards, et il exprimait ces regrets, lorsqu'il s'associait (*Taoteking*, trad de S. Julien 1842 : Introduction, p. 47) à la déclaration suivante, faite par un autre célèbre sinologue : « Le texte du Tao est si plein d'obscurités, nous avons si peu de moyens pour en acquérir l'intelligence parfaite, si peu de connaissance des circonstances auxquelles l'auteur a voulu faire allusion ; nous sommes si loin, à tous égards, des idées sous l'influence desquelles il écrivait, qu'il y aurait de la témérité à prétendre retrouver exactement le sens qu'il avait en vue. » (Mémoire sur Lao-

Tseu, par A. Rémusat tome VII des Mémoires de l'Académie des Inscriptions et Belles Lettres).

M. Julien dit, pour son excuse — ce dont il n'avait nul besoin, que les commentateurs chinois eux-mêmes ne sont pas d'accord sur le sens du Tao. J'ai constaté, au contraire, durant de longs stages, une parfaite uniformité de doctrine et les interprètes chinois, compagnons de travail de M. Julien, qui se réclame de leur parole, me semblent avoir fait là un acte de politesse, en face des embarras du professeur qu'ils assistaient, politesse qui n'aurait pu abuser un instant un habitué de l'Extrême-Orient.

La traduction — ou mieux la paraphrase — du Tao de M. Julien est donc une traduction à idées et à expressions françaises, comme sont aujourd'hui les transcriptions de nombreux livres orientaux, faites par des adaptateurs, ignorants des langues et des peuples, et entourés seulement des interprètes spéciaux. Les ouvrages similaires des personnes qui ont fait, sur les lieux mêmes, une étude profonde des philosophies et des littératures extrême-orientales, se distinguent par des qualités bien supérieures et je n'en veux pour preuve nue l'éminente traduction que M. Philastre a faite du Yiking et de ses commentaires traditionnels (Annales du Musée Guimet : t. VIII et XXIII).

Il paraît donc que l'expérience de la race et de la

langue par le frottement de la vie coutumière est la meilleure condition où puisse se trouver un traducteur consciencieux ; et, en ce qui regarde le Tao de Lao-Tseu, indépendamment de toutes recherches techniques et philologiques, il semble que l'homme le plus heureusement préparé à une transcription fidèle à la fois de la lettre et de l'esprit, soit celui qui aurait eu la fortune d'entendre, non pas des interprètes disserter en français sur la valeur des caractères, mais des savants exposer, en langue mandarine, les idées que ces caractères leur représentaient.

Vivre de la vie de ces hommes, écouter leurs discours, voir leurs maximes mises en action : étudier les enseignements des TONOSANG, docteurs laïques, professeurs de la doctrine métaphysique : recueillir les rares paroles tombées de la bouche des PHUTUY, fils spirituels des mages hiératiques qui furent les premiers Disciples du Maître : Observer les méditations des PHAP, moines errants, suspects aux dynasties de Péking et de Hué, mystiques qui ont conservé la tradition des Sciences Divinatoires, voilà la préparation qui semble nécessaire pour mesurer la profondeur des chapitres de Lao-Tseu.

C'est là ce que j'ai fait pendant quatre ans, avec un profond amour de la vérité, et une curiosité tempérée de respect.

C'est pourquoi j'ose présenter ici cette très fidèle

traduction du Tao, que mes lecteurs français trouve-
ront peut-être inutile et obscure, mais qu'à coup sûr
mes Maîtres Chinois ne désavoueraient point.

MTGIOI, Paris, Janvier 1894

Note pour l'intelligence du texte

Aucun commentaire, ni de métaphysique, ni de philologie, n'accompagne cette traduction. L'explication métaphysique des tongsang est réservée pour un ouvrage en préparation. Cette traduction est en effet destinée à être débarrassée de tout bagage étranger, et à représenter exactement et uniquement le texte du Tao.

Les mots entre parenthèses font partie du texte même de Lao-Tseu ; la tradition les considère comme une glose écrite. Les parenthèses, en caractères italiques, ne sont pas dans le texte ; mais elles sont nécessaires et les explicateurs les ajoutent toujours. C'est la tradition orale. Mais je me suis imposé en règle de n'ajouter ces italiques que lorsqu'elles sont indispensables à la compréhension de la phrase. D'ailleurs, la plupart du temps, le nombre total des substantifs, adjectifs, pronoms, verbes et adverbes d'une phrase, est égal au nombre des caractères qui constituent le sens correspondant dans le texte du Tao.

Première page

La voie, qui est une voie, n'est pas la Voie.

Le nom, qui a un nom, n'est pas le Nom.

Sans nom, c'est l'origine du ciel et de la terre.

Avec un nom, c'est la mère des dix mille êtres.

Avec la faculté de non-sentir, on est proche de le concevoir.

Avec la faculté de sentir, on atteint sa forme [comme d'une chose dont on trafique.]

C'est là vraiment deux [choses].

Apparaissant ensemble, leur nom est facile.

Expliquée ensemble leur origine est obscure.

Obscure, cette origine devient davantage obscure.

La foule [des êtres] passe par cette porte.

Deuxième page

Les êtres de l'univers connaissent le bien ; ils désirent faire le bien.

Au temps fixé pour le bien, voici le mal.

Les êtres connaissent le probe ; ils désirent être probes.

Alors voici l'improbe.

C'est pourquoi un [concept] et son contraire naissent ensemble.

Le difficile et le facile se produisent l'un l'autre.

Le grand et le petit apparaissent l'un par l'autre.

Le haut et le bas se déterminent l'un l'autre.

Le ton et le son [de la voix] concordent.

L'avant et l'après se commandent l'un l'autre [en se suivant].

Ainsi voilà que l'homme parfait n'agit pas [des choses inférieures].

Faire, se taire, [voilà] la doctrine.

Les dix mille êtres travaillent, mais il ne les oublie pas.

Il les produit, mais ne les possède pas.

Il les développe, mais ne gagne rien [sur eux].

Les mérites accomplis, il ne leur est pas.

Évidemment, il ne leur est pas : ainsi il n'en est pas abandonné[1].

---

[1] Ayant bâti la maison, il n'y habite pas.
Il quitte la maison le souvenir de la maison s'accroche à son cœur (Glose).

Troisième page

N'exalter pas les Sages, [c'est] vouloir que les hommes ne luttent pas.

Sans richesses, il est très difficile de s'enrichir [c'est] vouloir que les hommes ne s'occupent pas d'intérêts.

Ne pas regarder ce qui invite à sentir et à désirer, les hommes [ont] ainsi le cœur tranquille.

Voici que l'homme parfait commande

Cœur vide : beaux dehors.

Faible apparence : corps vigoureux.

[C'est] vouloir que les hommes ne comprennent pas, ne désirent pas.

[C'est] vouloir connaître agir, et ne pas aller jusqu'à agir.

Agir [consiste aussi à] ne pas agir. Ainsi, jamais on n'est sans agir.

Quatrième page

La Voie est le terme, mais aussi le moyen.

Peut-être elle est sans fond ; c'est le fleuve où les dix milles êtres ont leur source.

[L'homme parfait] parle tranquille.

Il ouvre [détermine] le sort.

Il égalise la splendeur : il égalise les ténèbres [les immondices de l'eau.]

Il devient semblable à un fils pieux.

Moi, je ne sais pas celui seul dont il est fils.

C'est l'ancêtre [de l'image] du Maître.

Cinquième page

Le ciel et la terre sont-ils sans beauté : alors les dix mille êtres sont comme le vide.

L'homme parfait est-il sans beauté : alors les cent familles sont comme le vide.

Le ciel et la terre sont réguliers : Comment donc les [hommes] agissent-ils, tôt ou tard ?

[Ils sont] vides, mais ne s'en inquiètent pas.

Ils s'agitent, mais s'éloignent de plus en plus.

Ils parlent beaucoup, et se trompent souvent.

Ils ne sont pas semblables à qui tait [sa pensée] dans son cœur.

Sixième page

Le tréfonds de l'esprit ne meurt pas il est dans les ténèbres profondes.

Profonde et ténébreuse est la porte [de l'esprit].

Le ciel et la terre forment sa racine.

Penser, penser comme un fils pieux, [c'est] le moyen de réussir : inutile de toucher.

Septième page

Le ciel et la terre sont à l'infini ; le ciel et la terre vivent éternellement à l'infini.

Certainement ils ne se sont pas engendrés eux-mêmes ; c'est pourquoi on sait qu'ils sont éternels.

Ainsi, prendre [en modèle] l'homme parfait, les hommes sont en arrière, [ne peuvent encore] mais les hommes deviendront [comme] le ciel. Étrangers lui sont les hommes, mais il leur est affectueux.

Il ne perd rien : seul il ne trompe pas.

C'est pourquoi il peut acquérir, lui seul.

Huitième page

Supérieure est l'eau pure.

L'eau est pure : parfaits sont les dix mille êtres, mais ils ne sont pas émus.

Là où est la foule des méchants, voilà où sert la méthode de la Voie.

La terre est-elle pure ? Le cœur est pur [comme] un fleuve.

Tous les hommes sont-ils purs ? ils parlent en pure confiance.

Ils agissent purement, droitement ; ils travaillent purement ; ils ont coutume d'être influencés purement, quoiqu'ils ne soient pas émus.

C'est pourquoi là il n'y a pas [besoin] de la méthode.

Neuvième page

Prendre, mais garder beaucoup, n'est pas semblable à [ce qui est] suffisant.

[Agir] de suite, puis se reposer on ne peut garder longtemps.

Or et diamants en foule, dans la famille, on ignore les conserver.

Riche, mais vain : [la richesse] s'en va d'elle-même au dehors.

[Mais] l'homme, qui a du mérite, a un nom illustre ; son esprit devient supérieur.

La Voie du ciel [donne] ainsi.

Dixième page

Les [hommes] portent le corps et le sang comme une enveloppe ; ils ne peuvent les abandonner.

L'esprit se transmet [aux races] jusqu'à leur extrémité ; il est tout pareil dans les enfants.

Il est, jusqu'au bout, obscur ou clair ; et [le Ciel] ne l'éprouvera pas.

[Le ciel] aime toutes choses, et commande à tous [les hommes]. Mais ils n'agissent pas tous.

La porte du ciel s'ouvre et se ferme [le ciel] alors les éprouve.

S'ils voient clair des quatre côtés, pourtant ils ne distinguent pas encore.

Ceux qui naissent rassemblent déjà [les mérites des pères].

Ils veulent engendrer, et ne peuvent.

Ils travaillent, mais ne produisent pas.

Ils [veulent] agrandir, mais [n'ont] rien de neuf [à ajouter à ce qui est].

Voilà donc une vertu imparfaite.

Onzième page

Trente rais réunis forment un assemblage [une roue] : il ne convient pas [seul]. S'il y a [dessus] un char, on peut s'en servir.

Prendre directement en propriété : cela ne convient pas : [mais] si l'on a une propriété on peut s'en servir.

Construire une maison ; réparer, apprêter une maison : cela ne convient pas : mais, s'il y a une maison, on peut s'en servir.

C'est pourquoi prendre pour son bien donne un gain [mauvais, ne pas prendre permet de se servir.

Douzième page

Les cinq couleurs, l'homme intelligent les distingue par l'œil.

Les cinq tons, l'homme intelligent les perçoit par l'oreille.

Les cinq saveurs, l'homme intelligent les goûte par la bouche.

D'une course rapide, [comme celle du rat dans la rizière], tout se répand ainsi dans le cœur de l'homme intelligent.

Toutes choses difficiles à acquérir, l'homme intelligent y travaille avec persévérance.

Ainsi l'homme parfait fait et refait, mais ne fait pas devant l'œil [en public].

C'est pourquoi il rejette autre chose [la fait en public], et garde cette chose-ci [la fait en secret.]

Treizième page

Le tremblement des lèvres [par la parole] est semblable au saisissement de frayeur.

[Pourquoi] le riche et l'illustre sont-ils inquiets comme moi [pauvre] ?

De quelle façon le tremblement des lèvres [du riche] est-il semblable au saisissement de frayeur ?

C'est qu'il tremble de tomber.

Quand il possède, il est pareillement saisi de frayeur.

Quand il a perdu, il est pareillement saisi de frayeur.

Voilà pourquoi le tremblement des lèvres est semblable au saisissement de frayeur.

De quelle façon le riche et l'illustre sont-ils inquiets comme moi [pauvre] ?

Nous, nous prenons une grande inquiétude :

Voici pourquoi :

[Dieu] nous a faits avec une personnalité. S'il ne nous avait pas faits avec une personnalité, pourquoi serions-nous inquiets ?

C'est pourquoi le riche [doit] penser dans son cœur à aider tous les hommes.

Il convient qu'il soit le dépositaire de tous les hommes.

Ainsi il aura la fidélité pieuse de tous les hommes.

Il convient qu'il soit ainsi connu clairement de tous les hommes.

Quatorzième page

On regarde, on ne voit pas [la Voie] Son nom se prononce le Manque

On écoute, on n'entend pas [la Voie]. Son nom se prononce le Subtil.

On cherche, on ne touche pas [la Voie]. Son nom se prononce le Vide.

Ces trois choses, il ne se peut qu'elles deviennent claires.

C'est pourquoi, [quoique] plusieurs, elles deviennent cependant une seule chose.

La partie supérieure n'est pas évidente sa partie inférieure n'est pas cachée [ne dort pas].

[La Voie] Éternelle n'a pas de nom [qui lui convienne.]

Elle réintègre [les hommes] dans le vide

Ainsi donc, n'avoir pas de forme est sa forme n'avoir pas de dehors est son dehors ainsi [les hommes] souffrent continuellement[2].

---

[2] Malgré ma volonté de ne donner aucun commentaire inutile, je ne puis passer sous silence la traduction suivante de ce passage, traduction qui, en prenant le sens physique du caractère, au lieu de son

En avant [de la Voie], on ne voit pas sa tête.

En arrière, on ne voit pas son dos.

En apprenant très longtemps la Voie, des Sages peuvent exister aujourd'hui.

Le [Sage] lettré connaît le passé et le présent : ainsi donc il enseigne la Voie.

---

sens métaphysique, est tout aussi littérale que l'autre, « N'avoir pas d'habits, voilà son vêtement ; n'avoir pas d'oreiller voilà son appui ; ainsi [*les hommes*] souffrent continuellement. »

Quinzième page

Auparavant, les Sages s'occupaient à enseigner : [ils étaient] peu nombreux, mystérieux, profonds et pénétrants [jusqu'au travers].

Renfermés, on ne pouvait les comprendre. Quoiqu'on ni pût les comprendre, pourtant [je] travaille constamment à [déterminer] leur apparence.

Les voici circonspects, comme qui traverse un fleuve glacé.

Les voici prudents, comme qui a peur des quatre côtés.

Les voici paisibles, comme l'étranger.

Nous, nous voici semblables à [des hommes qui] disparaissent [en tombant] et se noient ensemble.

Nous voici grossiers comme [des choses] dures.

Nous voici vides comme des trous.

Nous voici donc ensemble [avec les Sages] comme l'eau troublée.

Le Sage, qui se souvient, arrête le mouvement de l'eau troublée, et la rend très claire.

Le Sage qui se souvient, et qui a gagné la paix, obtient une vie longue, plus longue.

C'est ainsi observer la Voie ; il ne veut pas se répandre, quoiqu'il ne se répande pas.

C'est pourquoi le Sage se préserve, et n'a pas besoin de devenir autre [de se renouveler].

Seizième page

[Un homme] qui est empêché vers son but, prend [quand même] la pente facile [de la montagne].

Les dix mille êtres créent et travaillent.

Nous regardons [les hommes] se conformer et suivre.

Voici que toutes choses sont obscures, obscures.

Ensemble elles retournent à leur origine.

Retourner à son origine, c'est être en paix.

Être en paix, c'est se conformer.

Se conformer, c'est se rappeler.

Savoir se rappeler, c'est être clairvoyant.

Ne pas savoir se rappeler conduit à agir malin-consciemment.

Savoir se rappeler la valeur [des choses], c'est acquérir des mérites durables.

Le mérite durable [rend] roi.

Un roi est durable par le ciel

Le ciel est durable par la Voie.

La Voie est durable dans l'éternité.

Ainsi les deux corps [les pères et les fils, les races] ne finissent pas.

Dix-septième page

Le grand Supérieur, (le ciel), les hommes au dessous savent qu'il existe.

Une fois, ils l'aiment et pensent à lui. Une fois, ils le craignent.

Une fois, ils l'invectivent.

Avoir peu confiance, c'est n'avoir pas confiance.

Ainsi donc [voici] qu'il faut parler sagement.

Des mérites personnels peuvent être acquis ainsi ; [mais] les cent familles disent ensemble : nous agissons naturellement [sans raisonnement].

Dix-huitième page

[Les hommes] qui pratiquent la Grande Voie ont la justice et l'humanité.

Pratiquant l'intelligence, ils ont le respect [les uns des autres].

[Mais] six hommes non unis ont l'égoïsme.

L'empire troublé et confus a des officiers Hoan[3].

---

3   HOAN est le titre donné aux anciens généralissimes, nommés temporairement pour réprimer les révoltes, et qui n'étaient guère estimés, à cause de leur peu de science.

Dix-neuvième page

L'esprit pénétrant du sage a des mérites et de l'habileté : alors les hommes sont parfaits de cent façons.

L'esprit pénétrant a des mérites et de l'humanité ; alors les hommes obéissent, et ont de la piété filiale.

L'esprit pénétrant a beaucoup de mérites et de perfections : Alors il n'y a plus voleurs ni pirates.

Voici vraiment trois choses il n'est pas assez travaillé de caractères [pour les comprendre]

C'est pourquoi le Sage les retient. Il voit le bien enveloppé dans les feuilles [caché] ; il veut encore approfondir le vrai.

Vingtième page

L'esprit qui étudie n'est pas inquiet.

Égaux ensemble, les hommes marchent ensemble sur le même pont.

Les bons marchent avec les mauvais : quoique marchant ensemble ils ne sont pas confondus.

Les hommes sont inquiets : il n'est pas possible de n'être pas inquiets.

Les dissolus ne supportent pas encore de calamités : et cette foule se réjouit, comme heureuse, très inconsidérément, comme si elle montait au temple pendant les mois Xuan[4].

[Ils pensent] : je suis jeune : ce n'est pas encore le temps d'être malheureux : je suis pareil à l'enfant qui n'a pas cessé de téter.

[Je dis] oui, oui : mais je suis pareil à [l'enfant] qui rie rentre pas [suivant l'ordre]

Tous les hommes ont du superflu : seul, je ne m'y attache pas.

---

[4] Xuan : les quatre premiers mois de l'année.

À ces hommes, stupides dans leur cœur, voilà des malheurs qui arrivent. Mais ils sont légers, légers.

[Ils disent qu']ils ont l'esprit éclairé ; nous [disons qu']eux seuls sont troublés.

[Ils disent que] leur esprit est assidu : nous [disons qu']eux seuls sont chagrins.

Ils sont indifférents comme la mer : ils sont confus comme qui n'est pas en repos.

Les hommes cherchent à acquérir : [les mauvais disent :]

Seuls nous sommes comme une boule ; il nous est facile d'être hommes : notre mère est riche pour nous nourrir.

Vingt-et-unième page

La vertu supérieure et éclatante procure la Voie La Voie donne l'abondance de toutes choses. [à qui la pratique]

Quoiqu'il attende longtemps [l'abondance], il prend patience.

Il prend patience, il attend ; dans son cœur, il a déjà un appui.

Aussi il attend, aussi il prend patience, dans son cœur il a déjà l'abondance.

Aussi il comprend, aussi il invoque [le ciel] dans son cœur il a l'esprit ; cet esprit est fidèle et droit.

Dans son cœur il a l'espérance ; depuis autrefois jusqu'à maintenant il n'a pas oublié le nom [de ces vertus].

Il instruit, il dirige, il aime l'humanité.

Comment savons-nous instruire et diriger les hommes ?

Le voici : retenez tout cela.

Vingt-deuxième page

Courbé, [on peut] être intact.

Droit, [on peut] être brisé.

Égaré, [on peut] être comblé.

Protégé, [on peut] être neuf.

Avec peu d'avantages, on conserve

Avec beaucoup d'avantages, on perd.

Aussi l'homme parfait réunit tout en un assemblage.

Il est le modèle de tous les hommes.

Il ne se voit pas : toutefois il brille.

Il ne s'agite pas : toutefois il agit.

Il n'est pas violent : toutefois il a des mérites.

Il n'est pas en excédent : toutefois il dure longtemps.

Il n'est pas agité ; c'est pourquoi tous les hommes ne sont pas forcés de s'agiter.

Ainsi, dès longtemps, ce qui était courbé était intact.

Parler ainsi [c'est] enseigner les ignorants.

Devenus intacts, ils vont à la Voie.

Vingt-troisième page

Qui parle peu agit comme il veut.

Il appelle le vent, et ne dit pas de quel côté.

Il appelle la pluie, et ne dit pas pour quel jour.

Il connaît agir suivant ceci : le ciel et la terre

Le ciel et la terre ne peuvent durer toujours : ainsi les hommes ne sont-ils pas de même ?

C'est pourquoi suivre la Voie [c'est] être ensemble avec la Voie

Suivre le bien, [c'est] être ensemble avec le bien.

Suivre la perte, [c'est] être ensemble avec la perte.

Être ensemble avec la Voie [c'est] gagner la voie.

Être ensemble avec le bien [c'est] gagner le bien.

Être ensemble avec la perte, [c'est] gagner la perte.

Avoir peu confiance [en ces paroles], c'est n'avoir pas confiance.

Vingt-quatrième page

Qui se dresse sur la pointe des pieds ne reste pas debout.

Qui se raidit sur les genoux ne marche pas.

Qui regarde ne voit pas [toujours] clair.

Qui possède ne peut [toujours] manger.

Qui fait des reproches n'a pas [toujours] de mérites.

Qui a du superflu ne peut [toujours] durer.

Voilà parier suivant la Voie : ce qui reste [après avoir mangé] [doit être] gardé pour servir.

Tous les êtres sont peut-être mauvais : aussi, celui qui a la Voie, où est-il ?

Vingt-cinquième page

Avoir des choses permet de faire quelque chose.

Auparavant [que j'aie ces choses] le ciel et la terre sont nés.

Les voilà unis, les voilà profonds.

Il apparaît seul, mais ne change pas.

Il va partout, mais ne s'arrête pas.

Il convient qu'il soit l'origine de tous les hommes.

Moi, je ne connais pas son nom : son caractère s'appelle la Voie.

Étant immense, son nom se traduit : être grand.

Être grand se traduit : aller partout.

Aller partout se traduit traverser

Traverser se traduit : retourner

Aussi la Voie est grande, le ciel est grand, la terre grande : le roi aussi est grand.

Au milieu il y a quatre grandes [choses].

Mais le roi reste seul [visible].

L'homme obéit à la terre : la terre obéit au ciel, le ciel obéit à la Voie : la Voie obéit à soi-même.

LE TAO

Vingt-sixième page

Le lourd, a une racine légère.

La perfection [des sujets] conduit à l'ébranlement des rois

Aussi le sage se prépare tout le jour : il ne se sépare pas du lourd et du léger.

Voici que les grands sont très heureux : vraiment les hommes pensent que cela est vrai.

Pour prescrire comme [ils le veulent], le roi dit dix mille oui.

Mais leur cœur traite légèrement tous les hommes.

Être léger perd les grands.

Être ébranlé perd les rois.

Vingt-septième page

L'homme probe agit sans mal faire [des taches]

L'homme probe parle sans mentir

L'homme probe explique sans exagérer.

L'homme qui sait fermer ne sait pas ouvrir : [quoique] fort, il ne peut pas ouvrir.

L'homme qui sait attacher, et ne se sert pas de cordes, ne sait pas délier.

Voici donc que l'homme parfait est toujours habile à sauver les hommes.

N'y a-t-il pas d'existences d'hommes ? il est toujours habile à sauver tous les êtres.

N'y a-t-il pas d'existences d'êtres ? il est quand même très brillant.

C'est ainsi que les hommes [deviennent] probes.

Qu'un homme improbe soit le maître, tous les hommes sont improbes.

Les hommes probes prospèrent.

Ne pas honorer son maître, [c'est] ne pas aimer à prospérer.

[Les Sages], quoique déjà sérieux et éclairés, voici [qu'ils désirent être] plus profonds et plus subtils.

Vingt-huitième page

Qui se connaît fort et agit clément est le premier [la semence] de tous les hommes.

À qui est le premier de tous les hommes, la constante vertu ne manque pas ; elle reviendra ensuite sur ses enfants.

Qui se connaît éclatant [blanc] et se garde obscur [noir], est le modèle [l'expérience] de tous les hommes.

À qui est le modèle de tous les hommes, sa vertu constante ne se trompera pas elle lui reviendra sans fin.

Qui se sait glorieux et garde ses lèvres [fermées] est le premier [le trou initial] de tous les hommes.

À qui est le premier de tous les hommes, sa constante vertu suffit partout. Elle reviendra à l'extrémité [de la race].

L'extrémité [de la race] étant épuisée, elle revient à son souvenir.

L'homme parfait [agit] de la sorte ; et ainsi, il agit bien et longtemps.

Ces grandes lois ne sont pas aisées.

LE TAO

Vingt-neuvième page

Chacun veut gouverner tous les hommes [travailler à cela].

Moi, je vois que nul ne le peut. L'esprit de tous les hommes n'a pas le moyen de cela.

À y travailler, il perd [le moyen à le vouloir prendre, il est vaincu.

En effet, tous les êtres peut-être marchent, peut-être suivent, peut-être envient, peut-être renoncent, peut-être sont forts, peut-être sont faibles, peut-être se laissent conduire, peut-être dirigent.

Aussi l'homme parfait quitte la grandeur [la joie], quitte le passé, quitte tout.

Trentième page

Les maîtres dont la Voie éclaire [l'esprit] n'usent pas avec les hommes de la violence des armées ; ils ont [pour eux] la fidélité [des peuples] là où ils sont les maîtres.

Les broussailles [les méchants] sont nés dès longtemps : plus tard la grande balance les pèsera.

Certainement il y a des années cruelles ; mais vraiment [il faut] que les hommes soient probes seulement. Ils n'ont pas alors besoin de se servir de la violence.

Vraiment ils ne se sauvent pas ; vraiment ils ne frappent pas ; vraiment ils ne vexent pas ; vraiment ils ne peuvent pas s'agrandir [aux dépens d'autres] ; vraiment ils ne sont pas violents. Tous les êtres forts peuvent vieillir.

Quoique [ils ne connussent] pas la Voie, [les hommes agissaient ainsi déjà]. Mais dans le matin [des âges], il n'y avait pas de Voie [pour eux].

Trente-et-unième page

Les grands [chefs de soldats], que [la Voie] aide, ne publient pas leurs talents [propriétés]. Les êtres sont peut-être mauvais : voici qu'il y a la Voie ; il n'y a pas d'endroit [où elle ne soit] pas.

Les hommes qui sont droits adorent la gauche ; ceux qui se servent des armées adorent la droite. [Quand] on a des armées, il ne faut pas publier leurs talents.

Non ; il ne faut pas [publier] les meilleurs de ses talents ; ce qui n'est pas avantageux, on ne doit pas le faire.

La langue et le fiel [l'intelligence] sont [préférables] en premier.

[Un homme] gagne un mauvais avantage ; il est bon [dit-il]. On tue cet homme en lui souriant ; oui, on le tue en lui souriant.

Mais, quand même ainsi, on ne peut être aimé des hommes.

Les bonnes actions prennent la gauche ; les mauvaises actions prennent la droite

Les hauts chefs qui sont miséricordieux prennent la gauche.

Les hauts chefs qui s'enorgueillissent prennent la droite.

Leur parole peut donner la mort en tous endroits.

Ils tuent une grande foule d'hommes, pensant que ces hommes ne sont pas de leur sang. Mais le ciel les prendra [frappera], de même qu'ils ont donné la mort en tous endroits.

Trente-deuxième page

La Voie n'a sûrement pas de nom.

[Faibles] comme de petites feuilles, les hommes n'osent pas par eux-mêmes.

À l'avenir donc, que les rois soient attentifs et soigneux à voir si, pour tous les êtres ensemble, [il est dit] vrai.

Le ciel et la terre unis ensemble, la rosée tombe douce.

Le peuple n'est pas éclairé, mais il a des désirs.

La loi nouvelle a un nom ; ce nom a déjà un caractère.

On la connaît déjà assez : mais on ne la pratique pas assez.

Une face de la Voie demeure parmi tous les hommes.

[Ceux-ci font] ainsi que le cours [trou de fonds] de tous les fleuves, qui vont à la mer.

Trente-troisième page

Qui connaît les hommes est savant ; il connaît avec clarté.

Ainsi, qui peut connaître les hommes a la force ; avec la force, on peut être puisant.

Qui sait se borner est riche.

Qui agit fortement a de la volonté.

Qui ne s'éparpille pas, le voilà [qui dure] long-temps.

Qui meurt et n'est pas oublié, le voilà immortel.

Trente-quatrième page

Voici que la Voie va à la fois à droite et à gauche.

Elle engendre les dix mille êtres, et n'en oublie aucun.

Elle a le moyen des mérites, mais elle ne marque pas son nom.

Elle aime et nourrit les dix mille êtres ; mais elle ne se veut pas leur maître.

D'habitude, les hommes ne veulent pas [agir] ainsi ; il convient que leur nom nous soit obscur.

Les dix mille êtres viennent [à la Voie], et elle ne veut pas être leur maître ; il convient donc que son nom soit grand.

C'est pourquoi l'homme parfait n'agit pas [pour lui] et est grand : c'est pourquoi il peut faire de grandes actions.

Trente-cinquième page

[L'homme parfait] présente l'image de la Voie. Tous les hommes viennent à lui ; ils viennent, et jamais ne cessent [de venir].

La paix règne partout ; on écoute ensemble la [parole] agréable.

Aux étrangers du dehors, le silence [suffit],

[Pour les autres] la Voie sort par sa bouche.

Qui parle vite [parle] sans saveur.

On regarde [la Voie] et on ne la voit pas bien.

On l'écoute et on ne l'entend pas bien.

On veut l'imiter, et on ne l'observe pas assez.

Trente-sixième page

[L'homme probe] va-t-il diminuer : certainement [la Voie] lui donne à augmenter.

Va-t-il être fatigué ? Certainement elle lui donne la force.

Désire-t-il monter en grade ? Certainement elle lui donne le titre.

Désire-t-il assembler ? certainement elle lui donne la réunion.

[Elle fait] cela pour le peu d'hommes [qui sont] éclairés.

Le faible devient fort.

Le fatigué devient alerte.

Le poisson ne peut sortir du fond des fleuves[5]. Alors, l'empire atteint de lui-même sa perfection ; il gouverne les hommes sans [songer à] sa convenance.

---

[5] De même, les hommes ne peuvent quitter la Voie.

Trente-septième page

La Voie [paraît] n'agir pas ; cependant jamais elle n'agit pas.

À l'avenir, que les rois la gardent bien rigoureusement ; les dix mille êtres se transformeront d'eux-mêmes.

Transformés, peut-être voudront-ils faire encore [le mal]. Moi je les préserverai ensemble ; car la Voie n'a pas de nom, mais elle est puissante. Elle n'a pas de nom ; mais elle est puissante.

Que [les hommes] aspirent à la réunion, mais n'aient pas de désirs.

Pas de désirs, c'est la paix.

Alors les hommes seront raisonnables.

LE TAO

Table des matières